Guia Completo de Investimentos para Iniciantes

Aprenda os Fundamentos e Comece a Investir com Confiança

Autor: Gracianno Pereira Santos Filho

Título: Guia Completo de Investimentos para Iniciantes

Introdução

- Boas-vindas aos leitores
- Breve visão geral do conteúdo do e-book

Capítulo 1: Entendendo os Fundamentos dos Investimentos

- O que são investimentos?
- Por que investir é importante?
- Principais objetivos de investimento

Capítulo 2: Tipos de Investimentos

- Investimentos de Renda Fixa
  - Tesouro Direto
  - CDBs e LCIs/LCAs
- Investimentos de Renda Variável
  - Ações
  - Fundos de Investimento Imobiliário (FIIs)

- Fundos de Investimento
- Outros tipos de investimentos
- Fundos Multimercado
- Previdência Privada
- Criptomoedas

Capítulo 3: Estratégias de Investimento

- Determinando seu perfil de investidor
- Diversificação da carteira de investimentos
- Horizonte de investimento e objetivos financeiros

Capítulo 4: Como Começar a Investir

- Abrindo uma conta em uma corretora
- Escolhendo seus primeiros investimentos
- Monitorando e acompanhando sua carteira de investimentos

Capítulo 5: Gerenciando Riscos e Expectativas

- Entendendo os riscos associados aos investimentos

- Gerenciando expectativas de retorno e volatilidade

Capítulo 6: Recursos Adicionais e Ferramentas Úteis

- Sites e aplicativos para acompanhar o mercado financeiro

- Livros e materiais de estudo recomendados

- Comunidades e fóruns online para troca de experiências e aprendizado

Capítulo 8: Dicas Finais e Recursos Adicionais

- Dicas Finais

- Recursos Adicionais

Capítulo 9: Conclusão

- Recapitulação dos principais pontos abordados no e-book

- Incentivo para os leitores começarem a investir e buscar educação financeira contínua

Bibliografia

Introdução

Seja muito bem-vindo ao nosso e-book "Guia Completo de Investimentos para Iniciantes". Estou muito feliz por você estar aqui!

Meu nome é Graciano Pereira Santos Filho, e tenho o prazer de compartilhar com você minha paixão por finanças e investimentos. Com formação acadêmica em Finanças, concluída em 2016, e especializações em Planejamento e Gestão Financeira, finalizadas em 2020 e 2022, respectivamente, estou aqui para guiá-lo através dos fundamentos dos investimentos e ajudá-lo a dar os primeiros passos nesse emocionante mundo.

Antes de prosseguirmos, gostaria de expressar minha sincera gratidão. Primeiramente, agradeço a Deus por me guiar e me dar força ao longo desta jornada. Também quero agradecer minha família, que sempre esteve ao meu lado e me apoiou em todas as etapas. Agradeço especialmente à minha esposa Keylane, minha filha Stella, minha mãe Maria da Cruz, minhas irmãs Gleyanne e Gleycielle e minha sobrinha Maria Clara. Seu amor, apoio e incentivo são inestimáveis e fundamentais para mim.

Ao longo deste e-book, vamos explorar uma série de conceitos e estratégias de investimento que o ajudarão a entender melhor como os investimentos funcionam e como você pode começar a construir sua própria carteira de investimentos. Desde os princípios básicos até estratégias mais avançadas, meu objetivo é fornecer a você informações claras e práticas que o capacitarão a tomar decisões financeiras inteligentes e alcançar seus objetivos de vida.

Este e-book foi cuidadosamente elaborado para atender às necessidades de investidores iniciantes, como você. Seja você um estudante universitário procurando aprender sobre investimentos pela primeira vez, um profissional buscando expandir seus conhecimentos financeiros ou alguém que simplesmente quer tomar as rédeas de sua saúde financeira, este guia é para você.

Espero sinceramente que você encontre este e-book útil e inspirador em sua jornada de investimento. Não hesite em entrar em contato comigo se tiver alguma dúvida ou precisar de mais orientação. Estou aqui para ajudar e torço pelo seu sucesso financeiro!

Sem mais delongas, vamos mergulhar juntos no fascinante mundo dos investimentos!

Capítulo 1: Entendendo os Fundamentos dos Investimentos

Investir dinheiro pode parecer assustador para muitas pessoas, mas entender os fundamentos dos investimentos pode ajudar a simplificar o processo. Neste capítulo, vamos explorar o que são investimentos, por que eles são importantes e quais são os principais objetivos que você pode ter ao investir.

O que são investimentos?

Investir é colocar dinheiro em ativos financeiros com o objetivo de obter retornos financeiros futuros. Os investimentos podem incluir uma variedade de ativos, como ações, títulos, fundos mútuos, imóveis e muito mais.

Por que investir é importante?

Investir é essencial para construir riqueza ao longo do tempo e alcançar objetivos financeiros, como aposentadoria confortável, compra de uma casa ou educação dos filhos. Investir também ajuda a proteger contra a inflação e a aumentar o poder de compra ao longo do tempo.

Principais objetivos de investimento

Existem diferentes objetivos que você pode ter ao investir, dependendo de suas necessidades e circunstâncias financeiras:

- Crescimento do patrimônio: O objetivo principal para muitos investidores é aumentar o valor do seu patrimônio ao longo do tempo. Isso pode ser alcançado investindo em ativos que têm potencial para valorizar significativamente no futuro, como ações de empresas em crescimento ou fundos de investimento em setores promissores.

- Geração de renda: Outro objetivo comum é gerar renda regular a partir dos investimentos. Isso pode ser feito investindo em ativos que pagam dividendos, juros ou aluguéis, proporcionando uma fonte de renda passiva ao longo do tempo.

- Preservação do capital: Para alguns investidores, o principal objetivo é proteger o valor do seu dinheiro contra perdas e preservar o capital investido. Isso pode ser alcançado investindo em ativos mais seguros e estáveis, como títulos do governo ou fundos de investimento em renda fixa.

Entender os fundamentos dos investimentos é o primeiro passo para se tornar um investidor bem-sucedido. Nos próximos capítulos, exploraremos os diferentes tipos de investimentos disponíveis, as estratégias de investimento mais comuns e como começar a investir com sucesso.

Capítulo 2: Tipos de Investimentos

Agora que você entende os fundamentos dos investimentos, é hora de explorar os diferentes tipos de investimentos disponíveis. Existem muitas opções para investidores iniciantes, cada uma com suas próprias características, riscos e potenciais retornos. Neste capítulo, vamos analisar os principais tipos de investimentos, desde opções mais conservadoras até investimentos mais arriscados.

Investimentos de Renda Fixa

- Tesouro Direto: Investimento em títulos públicos emitidos pelo governo federal, considerado uma opção segura e de baixo risco.

- CDBs e LCIs/LCAs: Certificados de Depósito Bancário e Letras de Crédito Imobiliário/Agropecuário são produtos de renda fixa oferecidos por instituições financeiras, que oferecem uma taxa de retorno fixa ao investidor.

Investimentos de Renda Variável

- Ações: Investimento em participações de empresas listadas na bolsa de valores. As ações oferecem potencial para altos retornos, mas também estão sujeitas a volatilidade e risco de perdas.

- Fundos de Investimento Imobiliário (FIIs): Investimento em imóveis através de fundos que aplicam recursos em empreendimentos imobiliários, como edifícios comerciais, shoppings e hospitais.

- Fundos de Investimento: Pools de investimentos gerenciados por gestores profissionais que investem em uma variedade de ativos, como ações, títulos e commodities.

Outros tipos de investimentos

- Fundos Multimercado: Fundos que têm a flexibilidade de investir em diferentes classes de ativos, como ações, títulos, câmbio e commodities.

- Previdência Privada: Planos de previdência oferecidos por instituições financeiras, que visam garantir uma renda complementar na aposentadoria.

- Criptomoedas: Ativos digitais descentralizados, como Bitcoin e Ethereum, que oferecem oportunidades de investimento de alto risco e alto retorno.

Explorar diferentes tipos de investimentos é fundamental para construir uma carteira diversificada e equilibrada que atenda aos seus objetivos financeiros e tolerância ao risco.

Capítulo 3: Estratégias de Investimento

Agora que você conhece os diferentes tipos de investimentos disponíveis, é importante desenvolver uma estratégia de investimento que se alinhe com seus objetivos financeiros e tolerância ao risco. Neste capítulo, discutiremos algumas estratégias comuns de investimento que você pode considerar ao criar sua carteira de investimentos.

Determinando seu perfil de investidor

- Avalie seu horizonte de investimento, tolerância ao risco e objetivos financeiros para determinar seu perfil de investidor. Isso ajudará a orientar suas decisões de investimento e a escolher os ativos mais adequados para você.

Diversificação da carteira de investimentos

- A diversificação é uma estratégia fundamental para reduzir o risco da sua carteira de investimentos. Distribua seus investimentos em diferentes classes de ativos, setores e regiões geográficas para minimizar a exposição a riscos específicos.

Horizonte de investimento e objetivos financeiros

- Considere seu horizonte de investimento e objetivos financeiros ao selecionar os investimentos para sua carteira. Investimentos de longo prazo podem permitir uma exposição maior ao risco, enquanto investimentos de curto prazo podem exigir uma abordagem mais conservadora.

Capítulo 4: Como Começar a Investir

Agora que você entende os fundamentos dos investimentos e desenvolveu uma estratégia de investimento, é hora de dar o primeiro passo e começar a investir. Neste capítulo, vamos discutir os passos práticos que você pode seguir para abrir uma conta em uma corretora, escolher seus primeiros investimentos e começar a construir sua carteira.

Abrindo uma conta em uma corretora

- Pesquise e selecione uma corretora de valores confiável e adequada às suas necessidades. Abra uma conta de investimento e forneça as informações necessárias para concluir o processo de registro.

Escolhendo seus primeiros investimentos

- Com base em sua estratégia de investimento e perfil de investidor, selecione os primeiros investimentos para sua carteira. Considere diversificar seus investimentos em diferentes tipos de ativos e setores para reduzir o risco.

Monitorando e acompanhando sua carteira de investimentos

- Uma vez que você tenha construído sua carteira de investimentos, é importante monitorá-la regularmente e fazer ajustes conforme necessário. Acompanhe o desempenho dos seus investimentos, reavalie sua estratégia conforme sua situação financeira e objetivos mudam e esteja preparado para fazer mudanças quando necessário.

Capítulo 5: Gerenciando Riscos e Expectativas

Investir envolve assumir riscos, e é importante entender e gerenciar esses riscos para proteger seus investimentos e alcançar seus objetivos financeiros. Neste capítulo, discutiremos como identificar e gerenciar os riscos associados aos investimentos, bem como manter expectativas realistas sobre retornos e volatilidade.

Entendendo os riscos associados aos investimentos

- Existem diversos tipos de riscos associados aos investimentos, incluindo risco de mercado, risco de crédito, risco de liquidez e risco político. Entenda os diferentes tipos de riscos e como eles podem afetar seus investimentos.

Gerenciando expectativas de retorno e volatilidade

- Mantenha expectativas realistas sobre os retornos e volatilidade dos seus investimentos. Lembre-se de que investimentos de maior retorno geralmente vêm com maior volatilidade e risco. Esteja preparado para períodos de perdas e mantenha uma perspectiva de longo prazo em seus investimentos.

Capítulo 6: Recursos Adicionais e Ferramentas Úteis

Para continuar sua jornada de investimento e aprimorar seus conhecimentos financeiros, é útil contar com uma variedade de recursos e ferramentas. Neste capítulo, vamos explorar algumas opções de recursos adicionais e ferramentas úteis que podem ajudá-lo a expandir seu conhecimento e tomar decisões de investimento informadas.

Sites e aplicativos para acompanhar o mercado financeiro

- Existem muitos sites e aplicativos disponíveis que oferecem informações e análises sobre o mercado financeiro, incluindo cotações de ações, notícias econômicas e ferramentas de análise técnica. Alguns exemplos incluem Yahoo Finance, Investing.com e TradingView.

Livros e materiais de estudo recomendados

- A leitura de livros e materiais de estudo sobre investimentos pode ajudá-lo a aprofundar seu conhecimento e desenvolver habilidades de investimento. Alguns livros recomendados incluem "O Investidor Inteligente", de Benjamin Graham, "Pai Rico, Pai Pobre", de Robert Kiyosaki, e "O Jeito Warren Buffett de Investir", de Robert G. Hagstrom.

Comunidades e fóruns online para troca de experiências e aprendizado

- Participar de comunidades e fóruns online de investidores pode ser uma ótima maneira de compartilhar experiências, obter conselhos e aprender com outros investidores. Procure comunidades ativas e respeitáveis, como Reddit's r/investing e forums da B3.

Capítulo 7: Dicas Finais e Recursos Adicionais

Neste capítulo final, vamos compartilhar algumas dicas finais para ajudar os investidores iniciantes a consolidar seu conhecimento e dar os próximos passos em sua jornada de investimento. Além disso, ofereceremos uma lista de recursos adicionais que podem ser úteis para continuar aprendendo e se aprimorando como investidor.

Dicas Finais:

1. Mantenha-se Atualizado: O mercado financeiro está sempre mudando, por isso é importante manter-se

atualizado com as notícias e eventos econômicos que podem afetar seus investimentos.

2. Tenha um Plano de Investimento: Desenvolva um plano de investimento claro e objetivo que leve em consideração seus objetivos financeiros, tolerância ao risco e horizonte de investimento.

3. Evite Investimentos Emocionais: Evite tomar decisões de investimento baseadas em emoções, como medo ou ganância. Mantenha uma abordagem disciplinada e baseada em fatos ao tomar decisões de investimento.

4. Diversifique sua Carteira: A diversificação é fundamental para reduzir o risco da sua carteira de investimentos. Não coloque todos os seus ovos em uma cesta e distribua seus investimentos em diferentes ativos e setores.

5. Invista Regularmente: Aproveite a vantagem do poder dos juros compostos investindo regularmente ao longo do tempo, independentemente das condições do mercado.

Recursos Adicionais:

1. Livros e Publicações Especializadas: Explore uma variedade de livros e publicações especializadas sobre investimentos e finanças pessoais para expandir seu conhecimento e obter diferentes perspectivas sobre o mercado.

2. Cursos e Workshops: Considere participar de cursos e workshops sobre investimentos oferecidos por instituições financeiras, universidades ou plataformas de educação online para aprimorar suas habilidades e conhecimentos.

3. Comunidades de Investidores: Participe de comunidades online ou grupos de investidores locais para trocar ideias, compartilhar experiências e aprender com outros investidores.

4. Ferramentas de Análise e Pesquisa: Utilize ferramentas de análise e pesquisa online para avaliar investimentos, analisar dados financeiros e tomar decisões informadas sobre seus investimentos.

Com essas dicas finais e recursos adicionais, esperamos que você se sinta mais confiante e preparado para iniciar sua jornada de investimento e alcançar seus objetivos financeiros no futuro.

Capítulo 8: Conclusão

Parabéns por ter concluído o "Guia Completo de Investimentos para Iniciantes"! Neste capítulo final, recapitularemos os principais pontos discutidos ao longo do e-book e ofereceremos algumas considerações finais sobre o processo de investimento.

Recapitulação dos principais pontos

- Revisaremos os conceitos-chave discutidos em cada capítulo, incluindo os fundamentos dos investimentos, tipos de investimentos, estratégias de investimento, como começar a investir, gerenciamento de riscos e expectativas, e recursos adicionais e ferramentas úteis.

Incentivo para começar a investir

- Reforçaremos a importância de começar a investir o mais cedo possível e continuar aprendendo e se aprimorando ao longo do tempo. Lembre-se de que o investimento é uma jornada contínua e que cada passo que você der hoje pode ajudá-lo a alcançar seus objetivos financeiros no futuro.

Obrigado por ler!

- Agradeceremos aos leitores por dedicarem tempo para ler o e-book e incentivá-los a compartilhá-lo com outras pessoas que possam se beneficiar do conteúdo.

Bibliografía

Kiyosaki, Robert T. "Rich Dad Poor Dad: What the Rich Teach Their Kids About Money That the Poor and Middle Class Do Not!" Plataforma Press, 2017.

Franklin, Benjamin. "The Way to Wealth: Advice, Hints, and Tips on Business, Money, and Finance." CreateSpace Independent Publishing Platform, 2016.

Disney, Walt. "How to Be Like Walt: Capturing the Disney Magic Every Day of Your Life." Health Communications Inc, 2004.

Buffett, Warren. "The Essays of Warren Buffett: Lessons for Corporate America." The Cunningham Group, 1998.

www.ingramcontent.com/pod-product-compliance
Lightning Source LLC
Chambersburg PA
CBHW051943210526
45473CB00006B/2363